Henri Delaborde

Lorenzo Bartolini

Sculpteurs modernes

 Le code de la propriété intellectuelle du 1er juillet 1992 interdit en effet expressément la photocopie à usage collectif sans autorisation des ayants droit. Or, cette pratique s'est généralisée dans les établissements d'enseignement supérieur, provoquant une baisse brutale des achats de livres et de revues, au point que la possibilité même pour les auteurs de créer des œuvres nouvelles et de les faire éditer correctement est aujourd'hui menacée. En application de la loi du 11 mars 1957, il est interdit de reproduire intégralement ou partiellement le présent ouvrage, sur quelque support que ce soit, sans autorisation de l'Éditeur ou du Centre Français d'Exploitation du Droit de Copie, 20, rue Grands Augustins, 75006 Paris.

ISBN : 978-1726414524

10 9 8 7 6 5 4 3 2 1

Henri Delaborde

Lorenzo Bartolini

Sculpteurs modernes

Table de Matières

Introduction.	7
Section I.	11
Section II.	30
Notes.	45

Introduction.

Si l'on ne consultait que les tableaux ou les peintures monumentales pour apprécier la situation et les tendances de l'art moderne en Italie, on serait autorisé à porter un jugement sévère sur l'abaissement des doctrines et du talent dans ce pays des maîtres par excellence. Les écoles italiennes de peinture ne sont même plus en décadence; la plupart d'entre elles ont cessé d'exister, et, sauf l'espèce de rénovation tentée aujourd'hui en Toscane par un petit groupe d'artistes et d'écrivains qu'inspire au moins le respect du passé, on ne surprendra nulle part des signes de volonté studieuse ou de mémoire : partout au contraire l'oubli manifeste des origines et des anciens exemples. — Des médiocrités plus ou moins nombreuses, qui semblent s'accommoder de leur impuissance, ou dont l'ambition négative ne vise qu'à façonner l'art national sur les patrons de l'art étranger, voilà ce qui reste à Rome comme à Venise, à Milan comme à Naples, de la postérité de tant de grands maîtres; telles sont, depuis soixante ans, les tristes gloires d'une école qui ferait presque regretter les aberrations pittoresques de l'école du XVIIIe siècle. N'y avait-il pas en effet au fond des excès de cette époque une certaine force native, un reste de sève et de distinction, et comme une *fantasia* héroïque qui accusait encore la haute race? L'art italien se ruinait sans doute par ses prodigalités et ses folies, mais il se ruinait avec la bonne grâce d'un grand seigneur et ne dissipait, après tout, que son propre patrimoine. Lorsqu'il en vint plus tard à user des ressources d'autrui, lorsqu'il essaya de cacher sa pénurie sous une magnificence d'emprunt et des vêtements à la mode française, il ne réussit qu'à compromettre pour le moins sa dignité et à porter assez gauchement une livrée. On doit être surpris que cette servitude acceptée dès le commencement du siècle par M. Benvenuti à Florence et M. Camuccini à Rome ait été ouvertement recommandée par les derniers représentants de la vieille manière idéaliste. Pompeo Battoni, — c'est tout dire, — ne légua-t-il pas sa palette et ses pinceaux à David? En confiant au peintre des *Horaces* ces pinceaux accoutumés à caresser des allégories galantes, il leur imposait certes une besogne bien imprévue; il prescrivait du même coup de nouveaux devoirs et une foi nouvelle aux élèves qu'il avait formés, aux peintres qui viendraient après lui. Le malheur est que ceux-ci aient suivi le conseil trop à la lettre, et que depuis cette abdication l'art italien n'ait guère fait d'efforts que pour s'assouplir au joug de l'art français.

La peinture, de l'autre côté des monts, semble aujourd'hui vouée à l'inertie, mais nous ne prétendons pas en conclure que la régénération soit impossible et désespérer d'un pays qui a su trouver souvent pour se relever de sa déchéance d'admirables retours de vigueur et des élans inattendus. Peut-être la réaction, encore timide, qui s'essaie à Florence contre l'esprit de routine déterminera-t-elle bientôt un mouvement plus énergique et de plus sérieux progrès. M. Louis Mussini, le chef des nouveaux *puristi*, ne nous semble pas, il est vrai, doué de la résolution nécessaire pour avoir pleinement raison des préjugés académiques et détrôner les faux talents qui se prélassent dans leur dogmatisme suranné : puisse-t-il au moins, par l'exemple si opportun qu'il donne, encourager l'étude des vieux chefs-d'œuvre et préparer la venue d'un véritable réformateur! Ce rôle souverain auquel jusqu'à présent aucun peintre italien ne paraît en mesure de suffire, un sculpteur d'un rare mérite, un descendant des anciens maîtres l'avait pris et le soutenait naguère avec une incomparable autorité. Bartolini n'honore pas seulement, en la représentant mieux que personne, la sculpture moderne dans son pays; il résume aussi l'art italien tout entier, les plus nobles aspirations de son époque, et par l'influence qu'il exerça, aussi bien que par l'éclat de son talent, il relève et vivifie une école qui, sans lui, n'aurait qu'une fort douteuse importance. Nous voudrions appeler l'attention sur les travaux de cet éminent artiste et montrer sa double supériorité dans la pratique et dans l'enseignement, en nous aidant, pour l'accomplissement de notre tâche, de nos propres souvenirs, des intéressants opuscules qu'ont publiés assez récemment MM. Bonaini, Rossi, quelques autres écrivains encore, et surtout de documents inédits recueillis par la main pieuse d'un ami de Bartolini.

Et d'abord faut-il s'étonner que le seul homme qui ait continué de nos jours la gloire de l'art italien, — je ne parle, bien entendu, ni des musiciens ni des poètes, — faut-il s'étonner que ce seul maître, dans le sens exact du mot, soit non pas un peintre, mais un sculpteur? Les conditions différentes où se trouvent en Italie la peinture et la statuaire, conditions particulièrement favorables à celle-ci, peuvent jusqu'à un certain point expliquer le fait. Pour nous Français, la sculpture est un art en dehors des mœurs et des besoins actuels, un luxe tout exceptionnel, ou même contrariant l'instinct qui nous pousse vers un certain beau familier. Aussi ne lui prêtons-nous un reste d'attention qu'autant qu'elle se réduit aux proportions d'une industrie frivole. Les statuettes et les petits groupes d'animaux réalisent un idéal à notre portée, le seul qui ait encore le pouvoir de nous séduire, et nous oublions de grand cœur, en face de ces humbles produits, des travaux plus conformes aux sévères lois de la statuaire. Il en est autrement à Florence ou à Rome. Là du moins une statue, un bas-relief réussissent encore à passionner la foule, quelquefois il est vrai assez mal à propos et sans grand profit pour le goût; mais ce goût, malgré ses déviations, n'en existe pas moins, plus vif et plus sincère qu'ailleurs. Faute de mieux, il se portera volontiers sur des objets d'une beauté suspecte, ou même tout à fait indignes : vienne un chef-d'œuvre, personne n'attendra pour l'admirer que les experts en aient défini le sens et le mérite. Chacun aura senti tout d'abord et apprécié par pur instinct, chacun aura aimé en un mot ce que nous hésiterions peut-être à regarder, ce que nous respecterions tout au plus sur la foi des hommes du métier.

La certitude d'être compris ou même d'être étudié est un stimulant qui manque aux sculpteurs français; les sculpteurs italiens au contraire sont sûrs de n'avoir affaire ni à des juges défavorablement prévenus, ni à des esprits indifférons. Quoi de plus naturel après tout? Des gens qui ne sauraient traverser une rue, se promener sur une place ou entrer dans une église sans rencontrer à chaque pas des chefs-d'œuvre de toutes les époques reçoivent presque à leur insu l'éducation la plus profitable. Pour les artistes de profession l'avantage semble plus considérable encore. Les peintres, comme les statuaires, ont perpétuellement sous les yeux d'admirables monuments de l'art, et les grands exemples ne leur font certes pas défaut : d'où vient donc qu'ils tirent pour la plupart un si chétif parti de ces leçons? Leur étrange obstination à chercher loin de chez eux des modèles et leur insuffisance personnelle expliquent sans doute la faiblesse de leurs travaux, mais il faut dire aussi que les occasions et les tâches importantes sont assez rares aujourd'hui pour qu'un véritable talent ait peine à faire ses preuves et à grandir. La peinture monumentale et même la peinture d'histoire sont presque hors d'usage en Italie. Plus de palais, peu ou point de chapelles à décorer; plus de corporations, encore moins de Médicis pour encourager les débutants, se disputer les services des maîtres et préparer à tous les talents une ample besogne. Les familles patriciennes bornent leur ambition à conserver les tableaux anciens qu'elles possèdent. C'est donc le plus souvent pour des amateurs de second ordre ou pour quelques étrangers de passage que les peintres italiens sont réduits à travailler. De là l'obligation où ils se trouvent de traiter des sujets plutôt agréables que graves, et (condition radicalement contraire au génie et aux antécédents de l'école) de ne couvrir que des toiles d'une dimension restreinte. Il y a dans cette situation des empêchements dont il est juste de tenir compte, et si l'avilissement de la peinture italienne est un fait très regrettable, il ne faut voir pourtant dans ce fait ni le résultat de fautes absolument volontaires ni un déshonneur sans excuse.

Les entraves imposées à la hardiesse du pinceau ne gênent pas au même degré le ciseau des statuaires. Toute haute entreprise n'est pas interdite à ceux-ci, et ne leur restât-il que la sculpture des tombeaux dans les églises et dans les cloîtres, ils seraient richement partagés encore. La mort, cliente sûre, livre chaque jour à l'art des souvenirs à consacrer, des traits à faire revivre, des dogmes religieux à commenter. Qu'il s'agisse d'un monument dédié à quelque illustre mémoire ou d'une sépulture chère seulement à la piété de quelques amis, la destination du travail et le voisinage de l'autel inspireront l'artiste, ou du moins inclineront son âme vers le recueillement et les graves pensées. On sait combien d'œuvres éloquentes, combien de nobles images les sculpteurs italiens ont accumulées dans les églises. Pour ne parler que de la sculpture florentine, les plus beaux morceaux dont se glorifie l'école sont en général des monuments funéraires, et, depuis Nicolas de Pise jusqu'à Verocchio, depuis Michel-Ange jusqu'à Bartolini, tout statuaire de génie ou de talent s'est révélé surtout dans des productions de ce genre. Les tombeaux résument, à vrai dire, les progrès successifs de la sculpture en Toscane : aussi l'histoire de l'art ne saurait-elle négliger un ordre de travaux auxquels l'inhumation en dehors des églises ôte ailleurs en partie leur vraie signification esthétique et religieuse. Les conditions faites à la statuaire étant ainsi préférables à celles qu'a dû accepter la peinture, on ne s'étonnera pas de nous voir trouver dans la vie et l'œuvre d'un sculpteur le témoignage le plus significatif des tendances actuelles de l'art italien.

Section I.

La vie de Bartolini, qui devait être un combat perpétuel contre la médiocrité, l'envie et la routine, commença par d'autres luttes tout aussi difficiles et des souffrances patiemment supportées. Les rades traitements, l'impossibilité de s'instruire et de travailler selon ses goûts, telles sont les premières épreuves imposées au courage de l'enfant, en attendant la misère et les cruelles anxiétés qu'amèneront les années suivantes. Lorenzo Bartolini naquit en 1777 à Savignano, petit village aux environs de Prato, où fra Bartolommeo avait vu le jour trois cent huit ans auparavant. Son père, Liborio Bartolini, était serrurier-forgeron, et, contrairement à la coutume des plus humbles artisans de son pays, il n'avait pour les arts et les artistes qu'une grossière indifférence. Qu'un des plus grands peintres de la fin du XVe siècle fût né à quelques pas de sa chaumière, ou que le fils qui lui était donné annonçât pour le dessin une rare aptitude, le tout ne lui importait guère, ou plutôt il ne remarquait cette vocation précoce que pour s'en irriter et la maudire. On pense bien qu'un tel homme n'était pas d'humeur à s'en tenir aux injures et que son mécontentement se traduisait souvent par des brutalités d'autre sorte. Le pauvre Lorenzo, outrageusement battu, n'en persévérait pas moins dans sa volonté de devenir artiste, et recommençait, au risque d'être châtié de nouveau, à laisser là marteau et enclume pour le crayon qu'il s'essayait à manier.

Au bout de quelques années, Liborio Bartolini vint s'établir à Florence avec son fils. Un pareil séjour n'était pas propre à modifier les déterminations de celui-ci et à lui inspirer plus de goût pour l'apprentissage qu'on lui imposait. Si la seule force de ses instincts l'avait poussé à la résistance lorsqu'il vivait à Savignano loin de tout encouragement et de tout exemple, à coup sûr le spectacle des chefs-d'œuvre réunis à Florence ne pouvait que stimuler encore son zèle et accroître son ambition. Aussi tout se passa-t-il entre le père et le fils conformément aux circonstances : redoublement de colère d'un côté, de l'autre aversion plus prononcée que jamais pour le métier et résolution bien arrêtée d'y renoncer au premier jour. Ce jour ne tarda pas à venir. A la suite de châtiments plus violents que de coutume, Lorenzo s'enfuit auprès d'un de ses oncles à Savignano, et ne rentra sous le toit paternel qu'après avoir obtenu la permission de suivre les cours de l'académie de Florence. Moitié de guerre lasse, moitié par déférence aux conseils de ses amis, Liborio Bartolini en vint à se rendre, non sans stipuler la condition d'être absolument déchargé à l'avenir de toute dépense et de tout soin matériel. Lorenzo, âgé seulement de douze ans, se vit donc obligé de se suffire à lui-même et de chercher, en même temps que les occasions de s'instruire, le moyen de gagner son pain. Rude tâche qu'il entreprend pourtant avec joie et qu'il poursuit avec une incroyable force de volonté ! Tantôt il consacre ses soirées et une partie de ses nuits à des travaux à l'aiguille que lui a procurés un tailleur; tantôt il court, au sortir de l'académie, s'enfermer dans une boutique de vitrier et racheter, au moyen de ses minces profits de *garzone*, les heures que lui ont coûtées ses études d'artiste. Plus tard, il entre comme apprenti chez un sculpteur d'albâtre à Volterre, et là du moins il n'est plus condamné à des occupations tout à fait étrangères à l'art; mais les bénéfices de cette nouvelle situation lui semblent si précieux, qu'il s'empresse d'en élargir un peu trop la mesure, et se prépare ainsi de nouveaux mécomptes.

A l'époque où Bartolini commençait son apprentissage de sculpteur, les compositions gravées de Flaxman étaient déjà répandues dans les divers pays de l'Europe; toutefois, au lieu de cette popularité qu'elles ont acquise depuis un demi-siècle, elles avaient alors l'intérêt d'objets d'art assez rares encore et en quelque sorte de curiosités. En Italie surtout, on recherchait avidement les œuvres de l'artiste anglais, et l'occasion de se les procurer était une bonne fortune que peu de gens réussissaient à rencontrer. Corneil, — tel était le nom du patron de Bartolini à Volterre, — se trouvait au nombre de ces favorisés du sort. En voyant les pièces gravées d'après Flaxman entre les mains de son maître, le jeune garçon avait aussitôt demandé la permission de les calquer. Jusque-là rien que de fort naturel et de très légitime; mais en répondant par un refus, Corneil était, de son côté, pleinement dans son droit. Bartolini eut le tort de ne pas en juger ainsi et d'essayer de dérober ce que l'on ne consentait pas à lui donner. Utilisant assez mal à propos le souvenir de son premier métier, il applique un morceau de cire sur la serrure de la porte qui ferme la chambre où sont les précieuses estampes; il fabrique ou fait fabriquer une clef d'après cette empreinte, et, lorsque tout dort dans la maison, il se glisse crayon en main auprès du trésor convoité. C'était, il faut l'avouer, pousser loin l'amour de l'art et sacrifier un peu trop formellement les scrupules de la conscience à la passion de l'étude. Raphaël, en pénétrant à l'insu de Michel-Ange dans la chapelle Sixtine, était du moins introduit par Bramante, que ses fonctions autorisaient à y entrer, et qui pouvait à la rigueur y amener un de ses amis. Ni l'un ni l'autre n'avait forgé de fausse clef pour ouvrir la porte, et si Michel-Ange les eût surpris tous deux en contemplation devant ses peintures, il n'eût pu guère les accuser que d'indiscrétion. Corneil avait quelque chose de plus à reprocher à son élève, et l'on devine la confusion de celui-ci lorsqu'il vit apparaître au milieu de la nuit l'homme dont il croyait avoir trompé la vigilance. Le lendemain, Bartolini, vertement semonce, reprenait le chemin de Florence, où il allait chercher un nouveau patron.

Moitié ouvrier, moitié artiste, il ne pouvait espérer d'autres travaux que ceux qui lui seraient procurés dans une boutique. Le mot, même au XVIe siècle, servait à désigner l'atelier d'un sculpteur ou d'un peintre aussi bien qu'un établissement de menu commerce, un lieu où se débitent des objets d'art industriel; mais, à la fin du XVIIIe siècle, il ne gardait plus cette double signification, et il y avait alors entre un statuaire et un *bottegajo* (marchand) de sculptures la même différence qu'entre un élève et un apprenti. Bartolini n'en était qu'au premier degré de l'apprentissage; il lui fallait donc pendant quelque temps encore se contenter des leçons d'un praticien, quitte à se réserver l'avenir et à guetter le moment de se former auprès d'un artiste. La condition qu'il avait trouvée à Volterre, il la rencontra de nouveau à Florence, et il fut successivement employé par plusieurs marchands de sculptures en albâtre. L'ouvrage venait-il à manquer, il essayait d'autres ressources et s'enrôlait parmi les musiciens de quelque orchestre, dans quelque troupe de chanteurs, jouant du violon ou faisant sa partie vocale suivant le cas, le tout non sans applaudissements parfois, témoin ce jour où il parut sur le théâtre de Piazza-Vecchia et y chanta avec succès, dit-on, une cavatine écrite expressément pour sa voix.

Cependant cette vie incertaine et tiraillée commençait, non à décourager Bartolini, mais à lui inspirer quelque doute sur la possibilité de développer à Florence même le talent sérieux qui germait en lui. Le moyen d'abandonner les travaux obscurs auxquels la pauvreté le condamnait? Et, d'autre part, comment compter sur des progrès décisifs alors qu'il n'avait d'autre objet d'étude que des modèles inertes, d'autre besogne que l'ornementation de vases ou de pendules? Une fois seulement il avait entrepris un ouvrage d'après la nature vivante; encore ce premier essai, — c'était le portrait de son frère, — n'avait-il pu être mené à fin, faute d'un peu d'argent et de loisir. Ajoutons qu'au chagrin de se sentir confiné dans une boutique se joignait pour Bartolini le regret de ne pouvoir suivre ceux de ses camarades qu'il voyait chaque jour partir pour la France. Un voyage à Paris, un séjour dans cette ville que la renommée de David et la révolution opérée sous son influence présentaient aux imaginations italiennes comme la métropole de l'art, quelle bonne fortune pour un jeune artiste, quel plus sûr moyen de se perfectionner et d'arriver promptement au succès! Tandis qu'Alfieri, mettant son animosité et ses rancunes personnelles sous le couvert du patriotisme, maudissait avec apparat la domination française et « les nouveaux barbares, » Bartolini acceptait l'événement de grand cœur, et n'aspirait qu'à en tirer profit. Aussi, loin de faire mystère de ses désirs, en parlait-il à tous venants, aux Français surtout qui s'arrêtaient pour quelque emplette ou pour quelque commande dans la boutique où il faisait son apprentissage. Un jour, l'un des généraux de notre armée entre chez le patron de Lorenzo et choisit divers objets qu'il veut, dit-il, rapporter en France, et qu'on devra lui envoyer sur-le-champ, parce qu'il se met en route le lendemain. S'il consentait à prendre le jeune apprenti pour domestique, ce voyage tant désiré pourrait s'accomplir. La négociation s'entame et réussit. Bartolini, que recommandent sa bonne mine et sa physionomie intelligente, devient sur l'heure, non pas un des serviteurs du général, mais une sorte de secrétaire à l'essai dont on verra plus tard à régulariser la position.

Après quelques semaines passées à Livourne ou sur les routes, et quelques croquis tracés chemin faisant, le jeune artiste est autorisé à prendre l'uniforme en qualité de dessinateur attaché à l'état-major : titre à peu près équivalent à celui que portait Gros pendant la campagne d'Italie. Jusque-là tout allait au mieux. Déjà on avait gagné Gênes; encore un peu, et l'on franchissait la frontière de France; malheureusement des événements imprévus vinrent séparer brusquement Bartolini de son protecteur, et le pauvre dessinateur, désormais sans emploi, dut oublier ce rêve de quelques jours pour rentrer en lutte avec de tristes réalités. Poussin condamné à ne pas dépasser Lyon lorsqu'il s'acheminait une première fois vers Rome n'avait été ni plus cruellement déçu, ni même réduit à une telle misère. Si méconnu que fût encore le grand peintre, son talent avait suffi du moins pour lui assurer dans ce dur exil du travail et du pain. Ici, au contraire, nul moyen de subvenir aux nécessités actuelles, nulle apparence de travail pour le lendemain. N'importe, Bartolini n'en était pas à se mesurer pour la première fois avec l'adversité, et, bien déterminé à ne pas être vaincu par elle, il continue à tout hasard son voyage et finit par atteindre le but après des difficultés de toute espèce et des fatigues auxquelles, en dépit de sa jeunesse, il est souvent bien près de succomber. Cependant que trouve-t-il d'abord, sinon de nouvelles souffrances dans cette ville qui lui apparaissait comme un port de salut? Que de fois, pendant les premiers temps de son séjour à Paris, n'est-il pas obligé de recourir aux expédients qui l'avaient aidé à vivre à Florence, et que de fois aussi la faim et la maladie ne le visitent-elles pas dans sa pauvre mansarde! Rien ne l'abat néanmoins, aucun malheur ne peut avoir raison de son courage. Plus tard, Bartolini n'épargnait pas les épigrammes à qui se complaisait un peu trop dans les plaintes, et certaine école littéraire de notre pays, l'école larmoyante, pourrait-on dire, de René et d'Obermann, excitait sa verve railleuse, ou étonnait pour le moins sa raison. Nous n'avons pas ici à prendre parti pour ou contre les œuvres de cette école; mais il faut avouer que jamais homme n'eut mieux que celui-là le droit de montrer peu de sympathie pour le découragement et les souffrances oisives, peu de respect pour leurs apologistes.

Bartolini, à l'époque où il vint se fixer à Paris, n'avait fait preuve encore que d'une rare force de volonté, d'un ardent amour de l'étude. Une vocation spéciale l'entraînait vers les arts, mais, en dehors de ces dispositions naturelles, rien n'annonçait chez lui un talent déjà exercé. Les courts moments passés à l'académie de Florence, ou, çà et là, dans l'atelier de quelque statuaire, quand ses occupations d'apprenti *alabastraio* lui en laissaient le loisir, n'avaient pu donner à Bartolini ni des principes fort sérieux de science ni une grande habitude pratique. En entrant dans l'école de David, il commençait donc en réalité son éducation d'artiste, et se trouvait pour la première fois sous l'autorité d'un maître. Celui qu'il avait choisi était bien en mesure de démêler ses inclinations secrètes, et de le diriger en conséquence. David, nous avons eu occasion de le faire remarquer ailleurs [1], avait, entre autres mérites, une aptitude singulière à discerner les dispositions propres à chaque élève et le courage d'oublier en face d'elles son goût personnel et sa manière. Il reconnut bientôt dans les essais du jeune sculpteur un sentiment simple et fin à la fois, quelque chose de cette largeur naïve qui caractérise l'ancien art florentin et exprime la vérité sans mélange de réalité vulgaire. Approuvé par David, Bartolini laissa à d'autres le soin de contrefaire dans leurs études les statues antiques, et continua de traduire la nature comme il l'entendait, sans interposer à tout moment entre elle et lui les types officiels de la beauté. Qui sait la part d'influence qu'eurent sur les progrès et la forme définitive de ce talent les premiers encouragements donnés par le maître ? Un peu moins de clairvoyance ou d'abnégation chez celui-ci, et peut-être l'avenir tout entier de l'élève était-il compromis; une organisation d'élite se trouvait faussée ou tout au moins gênée pour longtemps par des habitudes mal à propos imposées. Qu'on ne se méprenne pas pourtant sur l'étendue du service rendu à Bartolini par David. Nous ne prétendons pas attribuer aux leçons du peintre français une autorité telle que l'on puisse réclamer comme un des nôtres l'habile artiste qu'elles ont guidé : notre école est assez riche de ses propres gloires pour se passer d'emprunts et n'escamoter à son profit la renommée de personne. Que Bartolini ait senti son talent grandir et se développer en France, qu'il ait été utilement secouru par les conseils de David, rien de plus vrai; mais il n'en demeure pas moins italien par le style et le caractère de ses œuvres. C'est là son mérite principal, sa physionomie essentielle, et ce qui lui assure une place à part entre les élèves de David aussi bien que parmi les artistes contemporains de son pays.

Cette physionomie ouvertement nationale au milieu de gens

affublés, comme MM. Benvenuti, Camuccini et tant d'autres, des dépouilles de l'art français, ces traits de la race qu'on retrouve chez Bartolini, et qui accusent la descendance des maîtres, parurent d'abord n'exprimer qu'une sorte de bizarrerie et des inclinations assez peu dignes d'estime. Dans l'atelier de David, la foi dégénérait volontiers en intolérance. Le culte absolu de l'antique, l'asservissement à certaines lois mieux faites peut-être pour régenter des érudits que pour inspirer des artistes, tels étaient les fondements de la doctrine et comme les conditions nécessaires du salut. Tandis que le maître encourageait l'indépendance avec mesure, mais non sans un véritable zèle, les disciples, plus royalistes que le roi pour ainsi dire, entendaient ne rien sacrifier du dogme académique, et condamner comme hérétique quiconque ne se montrait pas exclusivement dévot à Lysippe et à Praxitèle. Bartolini était donc assez mal venu à parler de Donatello, de Ghiberti ou de Michel-Ange devant ces fanatiques de l'art grec, et à interpréter sous leurs yeux la nature avec plus de souci de la vérité que de respect pour les formules classiques. L'accent de sincérité que portaient ses ouvrages semblait une marque de dérèglement, comme, à la même époque, les premiers essais d'un grand peintre paraissaient extravagants par cela seul qu'ils attestaient une volonté libre. M. Ingres était au nombre des condisciples de Bartolini, et il partagea avec lui l'honneur d'une réprobation dont ils se consolaient tous deux en se rendant mutuellement justice.

Sur les bancs de l'école de David, un peu plus tard au couvent des Feuillants, où s'ouvrait, à côté de leur atelier ignoré, l'atelier déjà célèbre de Gros, en Italie enfin, où ils se retrouvèrent en pleine possession de leur talent, mais non classés encore parmi les maîtres, Bartolini et M. Ingres ne cessèrent de se prêter appui et de conspirer en quelque sorte leur renommée future. Ces encouragements réciproques, cette sympathie qui devançait l'admiration publique, nous apparaissent aujourd'hui avec l'autorité d'un pressentiment largement justifié. Au commencement du siècle, on ne voyait dans la liaison entre les deux artistes qu'une association d'intérêts personnels, dans l'isolement où ils vivaient que le châtiment de leur vanité. Un crayon satirique les représentait agenouillés l'un devant l'autre et se dédommageant de l'indifférence de la foule par un échange d'adorations et d'encens. En mentionnant de pareils enfantillages, nous ne voulons pas, — est-il besoin de le dire? — attribuer une importance sérieuse à des espiègleries d'atelier. Si nous notons ces menues injustices, c'est parce qu'elles tournent parfois au profit du talent. Une blessure profonde peut paralyser l'amour-propre, une égratignure l'agace, et de cette irritation même résultent chez quelques hommes une résistance plus opiniâtre et un surcroît de volonté. Telle fut du moins l'influence qu'exercèrent sur Bartolini les erreurs de jugement et les dédains dont il se vit d'abord victime. Qu'étaient d'ailleurs ces nouvelles souffrances auprès de celles qu'il lui avait fallu, qu'il lui fallait encore supporter? Lui qui s'était accoutumé de longue main à ne pas fléchir sous des épreuves bien autrement pénibles pouvait-il se laisser abattre maintenant qu'il se sentait sûr de lui-même et à la veille peut-être du succès? Encore quelque temps en effet d'obscurité et de patience, et s'il ne doit que plus tard maîtriser tout à fait l'opinion, il prendra rang déjà parmi les artistes dont elle s'occupe.

Le premier ouvrage de Bartolini au sortir de l'atelier de David fut un morceau de concours pour le prix de Rome. Par suite des changements survenus dans l'état politique de l'Europe, le jeune statuaire florentin pouvait, en dépit de son origine, avoir sa part dans les privilèges accordés aux artistes français, et comme Léopold Robert, qui, né en Suisse, allait bientôt disputer le prix de gravure aux artistes qu'il avait rencontrés à Paris, Bartolini se présenta pour être admis au concours annuel de sculpture. Malheureusement l'argent lui manquait pour les modiques dépenses qu'exigeaient les épreuves préalables. Il lui fallut acheter à crédit la terre à modeler dont il avait besoin, et, sans l'assistance d'un potier qui consentit à lui faire cette avance en lui fournissant par surcroît un morceau de pain à la fin de chaque journée, il eût été contraint de se retirer de la lutte. Bartolini se plaisait à raconter cet épisode de sa vie, et il ne parlait pas sans quelque orgueil du courage avec lequel il travaillait alors tout le jour, mourant de faim, inquiet du succès et certain seulement du maigre repas que lui procurerait la soirée. Cependant le moment approchait où tant d'efforts allaient recevoir leur récompense. Bartolini, il est vrai, ne remporta pas le premier prix, son œuvre n'obtint qu'une seconde médaille; mais soit passion, soit justice, on se récria contre la décision des juges. Les élèves de David, passant assez vite du dédain à l'enthousiasme, prirent bruyamment parti pour leur condisciple et résolurent de venger sa défaite. La mode était alors parmi les artistes aux ovations, aux couronnes décernées en public, et les talents nouveaux, que de nos jours la presse seule signalerait à l'attention de la foule, recevaient une sorte de consécration et de brevet de la main même des sculpteurs ou des peintres. On se rappelle les palmes attachées à certains tableaux du Salon, au *Marcus Sextus* et au *Déluge* entre autres, par ces mains que dirigeaient tantôt une admiration sincère, tantôt des rivalités d'école ou des jalousies d'atelier. Le triomphe de Bartolini eut moins de retentissement et d'éclat : il suffit toutefois pour émouvoir l'opinion en sa faveur. A coup sûr, un concurrent malheureux, que ses camarades promèneraient aujourd'hui sur les quais en le saluant de leurs *vivats*, n'intéresserait guère même les passants, et une telle solennité paraîtrait, non sans raison, une forme de protestation assez ridicule. La chose réussit mieux à Bartolini qu'elle ne réussirait sans doute à ses imitateurs. On voulut dédommager le jeune statuaire de son insuccès en lui confiant quelques travaux dont il s'acquitta avec honneur. Sa réputation s'étendit assez vite pour qu'au moment où fut érigée la colonne de la place Vendôme, on ne le jugeât pas indigne de participer à la décoration de ce glorieux monument; il fut chargé d'exécuter le bas-relief qui représente la *bataille d'Austerlitz* [2]. Bien peu après, la princesse Élisa Bonaparte nommait Bartolini professeur de sculpture à l'académie de Carrare, et l'artiste, déjà, aguerri par l'expérience contre les excès de la pratique et les faux systèmes, revenait en Italie, où il allait avoir à combattre tant de préjugés et d'abus.

Pour se rendre compte des obstacles suscités à Bartolini dans sa double carrière d'artiste et de professeur, il est nécessaire de jeter un coup d'œil sur la situation de l'art italien au commencement de ce siècle, et de constater les progrès qu'avait déjà faits à cette époque la doctrine ou plutôt la manie de l'imitation antique : doctrine personnifiée surtout dans un homme dont on ne saurait nier à certains égards le mérite, mais qui exerça une bien regrettable influence sur l'école de son pays. Très inférieur à David, à qui l'on a l'habitude de le comparer, Canova fut le représentant autorisé d'une des phases de la décadence beaucoup plutôt qu'un véritable réformateur. Les meilleurs spécimens de ce talent ont, comme les autres productions de l'époque, une expression amoindrie, une grâce molle et maniérée, une élégance chétive. Ce style énervé qui affadit les peintures d'Appiani, les estampes de Volpato et de Morghen, on le retrouve, sous des formes moins débiles, il est vrai, et plus correctes, dans les statues de Canova. Ici encore l'adresse matérielle tient lieu de sentiment profond. Le beau tourne à l'agréable, la vérité se rapetisse sous les caresses pour ainsi dire de ce ciseau, comme la matière même qu'il effleure semble changer de nature et perd son apparence robuste; le marbre devient albâtre en passant par les mains de Canova. Un artiste de cette trempe pouvait, en raison de ses qualités moyennes, satisfaire aux exigences du temps; mais il ne suffisait certes pas pour régénérer l'art et restaurer utilement le culte de l'antique. En popularisant les copies enjolivées des sculptures grecques ou romaines, il ne faisait que propager une mode assez récente encore, et donner une direction nouvelle à l'esprit d'imitation.

La nouveauté des modèles proposés aux artistes, tel fut en effet le principe des succès de Canova et le secret de son excessive importance. Depuis l'époque de la renaissance, les monuments antiques avaient à peu près perdu toute faveur auprès des peintres et des sculpteurs italiens. A partir de la seconde moitié du XVIIe siècle seulement, quelques archéologues s'étaient mis en devoir d'étudier soigneusement les ruines de l'ancienne Rome; mais leurs travaux, entrepris au point de vue de la science, n'intéressaient que d'assez loin l'art contemporain et les artistes. Dans le siècle suivant, les découvertes partielles de Pompeï et d'Herculanum, et surtout le musée fondé au Vatican par le pape Clément XIV, vinrent généraliser ce goût pour les recherches et activer le zèle des admirateurs de l'antiquité. Toutefois le mouvement n'était encore que scientifique. Nombre de savants étrangers s'établissaient à Rome et se groupaient autour de Winckelmann; mais, Raphaël Mengs excepté, aucun artiste de quelque renom n'avait essayé, avant les vingt dernières années du XVIIIe siècle, de mettre en pratique les théories et les préceptes reconstitués d'après l'antique. Canova arriva donc à propos. Il trouvait le terrain préparé et avait affaire à des gens en humeur d'applaudir aux premiers simulacres de style grec que leur fournirait l'art moderne. Une fois proclamé le « continuateur de l'antique, » il garda jusqu'au bout les privilèges attachés à ce titre et l'autorité d'un chef d'école : autorité fâcheuse en ce sens qu'elle n'aboutit qu'à remplacer par une méthode tout aussi arbitraire l'ancienne méthode académique et à modifier seulement les formes de la convention. La révolution accomplie par Canova ne pouvait être et ne fut en effet favorable qu'au développement de quelques qualités artificielles, et les artistes crurent avoir assez fait pour la gloire de l'école, lorsqu'ils se furent épuisés à reproduire certains types en dehors desquels il n'y avait plus à leurs yeux ni grandeur, ni beauté.

A l'époque où Bartolini revint se fixer en Italie, cette imitation à outrance avait acquis force de loi parmi les sculpteurs. Tous semblaient ne rivaliser que d'abnégation, ou, comme on disait, de *canovianisme*, mot qui changerait de sens aujourd'hui, mais dont on se servait alors pour exprimer un heureux rajeunissement de l'art antique et la doctrine classique par excellence. Quant à la nature, à force de la réformer et de l'interpréter suivant les règles, chacun avait à peu près fini par voir dans ses exemples un danger plutôt qu'un secours, et quel que fût le genre de travail, on la consultait avec beaucoup moins de confiance que l'Apollon du Belvédère ou la Vénus de Médicis. Bartolini, au contraire, se renseignait de préférence au- près du modèle vivant. Tout en étudiant les statues antiques, — et quel sculpteur pourrait se passer de cette étude? — il prétendait ne s'inspirer en face d'elles que de la vérité qu'elles expriment. Pour tout le reste, il faisait ses réserves et ne consentait ni à humilier son sentiment personnel devant ces traductions du sentiment d'autrui, ni à déshonorer son talent par des plagiats. Une pareille fierté n'était guère de mise au milieu de gens qui s'arrangeaient à merveille de la servitude : aussi les tentatives indépendantes de Bartolini furent-elles hautement condamnées par quelques artistes. D'autres, mieux avisés, firent mine de prendre en pitié ces innovations, et ils réussirent pendant quelque temps à les déconsidérer par le silence.

Cependant un moment vint où il fallut bien compter avec le maître et combattre ouvertement son influence. Depuis son arrivée à Carrare, Bartolini avait terminé plusieurs morceaux en désaccord si formel avec les productions ordinaires de l'époque, qu'il en était résulté dans le public une sorte d'émotion et de curiosité. En outre, les doctrines qu'il professait à l'académie commençaient à séduire les élèves. Il y avait dans ce double fait une menace sérieuse à l'autorité des hommes qui avaient jusque-là régenté l'école, et l'irritation de ceux-ci croissant en raison des résistances qu'on leur opposait, peu s'en fallut que, comme au temps de Josépin et d'Annibal Carrache, on ne prît le parti de vider la querelle sur un autre terrain que le terrain de l'art. Bartolini, peu enclin, il est vrai, à ménager l'amour-propre de ses adversaires, se vit provoqué à son tour dans le sein même de l'académie, et sans l'intervention du professeur de peinture, M. Desmarets, il eût été obligé de défendre du même coup son talent et sa vie. Quelques années après (1813), cette vie se trouvait de nouveau compromise, mais il ne s'agissait plus alors ni de duel académique, ni de combat à armes égales. La haine politique armait cette fois d'autres ennemis du maître, et ils essayaient de se débarrasser de lui par l'assassinat. Tandis qu'une partie de la populace de Carrare envahissait la nuit son atelier et y brisait groupes et statues [3], d'autres bandits parcouraient la maison de fond en comble pour égorger le partisan avoué de Napoléon. Bartolini heureusement put s'échapper par une fenêtre; il gagna la campagne, et après quelques semaines passées en secret aux environs de Carrare, il s'achemina vers Florence, qu'il ne devait plus quitter désormais que pour des voyages de courte durée.

Bartolini rentrait dans Florence avec un talent déjà éprouvé, de fortes convictions et une importance personnelle assez grande pour mériter dès le début la considération de tous. Par malheur le goût qui régissait alors le public et les artistes florentins n'était pas de nature à concilier au nouveau-venu plus de suffrages qu'il n'en avait obtenu à Carrare. L'indifférence fut telle à son égard, qu'il se vit obligé pour vivre de revenir à son ancien métier et de se mettre comme autrefois aux gages des marchands d'albâtre. Peut-être eût-il été condamné à sculpter longtemps encore des vases et des chambranles de cheminée, s'il n'eût eu pour juges que ses concitoyens. Singulier contraste : tandis que les Florentins laissaient ce noble talent se consumer dans des travaux indignes de lui, quelques étrangers, pressentant seuls sa force, lui fournissaient les occasions de se venger d'un aussi injuste oubli. Ce fut ainsi que Bartolini fit pour le ministre d'Angleterre en Toscane, et pour plusieurs autres Anglais, un assez grand nombre de statues et de bustes, — le portrait de *lord* Byron *entre autres,* — *et pour*

M. Pourtalès le Vendangeur foulant des raisins, *figure pleine de naturel, de jeunesse et de grâce* [4]. La Russie recevait de lui des bustes et une figure de femme assise. A Londres, il envoyait une Bacchante, un groupe de deux *Danseuses* et la *Vénus couchée*, répétition en marbre du tableau fameux peint par Titien. La célébrité que ces divers ouvrages avaient acquise au maître dans d'autres pays revenant par un long détour dans son pays même, les amateurs italiens commencèrent à se déclarer pour celui qu'ils dédaignaient naguère. Quant aux artistes, ils se liguèrent si obstinément contre lui, ils persévérèrent si bien dans leur dépit et dans leur prétention à défendre ce qu'ils appelaient la bonne cause, que Bartolini ne put être nommé qu'en 1839 professeur titulaire de sculpture à l'académie de Florence. Quatorze ans auparavant, il avait osé solliciter cette place : qui lui préféra-t-on tout d'une voix? Stefano Ricci, l'auteur du fâcheux monument élevé dans Santa-Croce à la mémoire de Dante, monument dont le moindre tort est d'avoisiner des chefs-d'œuvre de Bernardo Rossellini, de Desiderio da Settignano et de Bartolini lui-même !

Que recelait donc de si pernicieux la doctrine nouvelle ? jusqu'à quel point l'homme qui s'en était fait l'apôtre pouvait-il être accusé d'hérésie, et qu'y avait-il dans son attitude dont on pût se prévaloir pour le proscrire ainsi au nom de l'art? Bartolini n'était certainement pas un de ces audacieux génies qui bouleversent à la façon de Michel-Ange le champ de l'invention et y implantent d'autorité un art nouveau. Essayer de le transformer en titan serait exagération pure, et le mieux est de le laisser pour ce qu'il fut, un révolté à la mesure de l'olympe où trônaient Canova et les siens. Pour être assez modeste en apparence, ce rôle n'en exigeait pas moins une résolution peu commune. L'insoumission de Bartolini à des principes qui, sous couleur de vérités absolues, ne représentaient que des vérités de circonstance suffit en effet pour lui donner le relief d'un novateur sans frein, d'un irréconciliable ennemi de la règle, bien qu'il n'y eût chez lui ni excentricités de commande, ni bizarreries systématiques. Sa manière exprimait seulement la volonté de remonter aux sources où avaient puisé les maîtres des XVe et XVIe siècles; au lieu de se borner à l'imitation textuelle de la statuaire antique, elle accusait une étude choisie de la nature et l'intelligence du vrai sans excès de réalité. Or ce fut précisément cette sage mesure entre la reproduction servile du fait et une interprétation trop libre que l'on taxa de radicalisme aveugle. On confondit ou l'on feignit de confondre ces tentatives pour renouveler l'art italien avec d'autres tentatives qui n'avaient autrefois abouti qu'à le matérialiser. A en croire les Josépins de l'époque, Bartolini était un second Amerighi, un de ces artistes à courte vue qui ne demandent pas à la figure humaine de penser, qui ne lui demandent que d'être : le tout parce qu'il ne révisait pas la nature suivant la méthode prescrite, et qu'il refusait de s'armer à chaque instant d'un compas pour proportionner les formes de ses modèles à certaines formes réputées classiques !

Certes, s'il y avait quelque part tendance matérialiste, elle existait bien plutôt chez les représentants de ce *classicisme* sans entrailles, chez ces peintres ou sculpteurs qui, tout en s'intitulant idéalistes, ne voyaient du beau que les surfaces, et ne savaient que sacrifier le sentiment à un semblant de correction extérieure, l'inspiration à la syntaxe. Bartolini ne voulait pas renfermer l'art dans de si étroites limites. Il entendait bien rendre sa pensée dans un style noble et sévèrement châtié; seulement ce qui pour d'autres était le but n'était à ses yeux qu'un moyen dont il se réservait de modifier l'emploi suivant les sujets à traiter et la destination particulière du travail. Sous l'influence de Canova et de David, mais de David mal compris et mal à propos copié, tout artiste italien aurait cru faire acte de félonie en s'affranchissant, même dans les cas les plus légitimes, de la discipline académique. Qu'un tableau ou un marbre dût figurer dans une église ou dans un palais, qu'il s'agît de traduire un verset de la Bible, une page de l'histoire ou une allégorie païenne, les types et le style demeuraient invariables. Partout même mode de composition, même goût jusque dans les ajustements, et la *Judith* de M. Benvenuti à Arezzo aussi bien que ses peintures profanes, le tombeau de Pignotti au Campo Santo de Pise aussi bien que les autres sculptures chrétiennes ou mythologiques de M. Ricci, montrent assez cette manie d'archaïsme qui s'appliquait uniformément à tous les sujets.

Bartolini au contraire variait avec une sagacité remarquable non-seulement les données premières, mais le style même de ses compositions. Un vif amour de la nature, une volonté persistante d'étudier de près et de rendre la vie là où ses confrères ne visaient qu'à la réduire à une apparence figée, voilà ce qui distingue avant tout ses travaux, quels qu'ils soient; voilà le caractère dominant et la marque essentielle de ce talent. Mais la nature telle qu'il l'interprète a tantôt un sens gracieux, tantôt une signification pathétique ou une expression de grandeur. Elle ne se montre pas en quelque sorte pour se montrer, on comprend ce que l'artiste a senti en face d'elle, et les formes de ce sentiment, appropriées aux conditions de chaque scène, intéressent d'autant plus sûrement l'esprit que le regard n'est fatigué par l'étalage d'aucun procédé d'école. On ne saurait mentionner ici parmi les œuvres de Bartolini toutes celles qui témoignent de son aptitude à changer de manière en changeant de modèle. Il suffira de citer comme spécimens de cette rare souplesse d'intelligence et de pratique trois morceaux de caractère bien opposé, également vrais pourtant, chacun selon le genre de vérité qui lui convenait : *la Charité* du palais Pitti, le *Machiavel* des Offices, et le beau groupe d'*Astyanax précipité du haut des remparts de Troie*, — morceau supérieurement conçu et traité dans un goût plus ample, plus profondément antique que telle composition contemporaine où tout est littéralement conforme aux exemples de l'antiquité. Enfin les monuments funéraires qu'a sculptés Bartolini prouvent non moins clairement que ses autres ouvrages les ressources de son imagination et l'habileté variée de son ciseau. Peut-être même est-ce dans les travaux de cet ordre qu'il donne le plus exactement sa mesure, et qu'en accusant le mieux son origine, il laisse voir le mieux aussi en quoi il diffère des anciens maîtres florentins.

La sculpture des tombeaux, nous le disions en commençant, a été dès longtemps pratiquée en Italie avec un éclat incomparable. Toutefois, là comme ailleurs, certaines alternatives se succèdent qui résultent des influences régnantes, de la situation générale où se trouve l'école à mesure que le goût se modifie et par moments s'égare dans la recherche de la beauté païenne. La sculpture funéraire, par ses conditions mêmes et sa destination, est avant tout une manifestation de l'art et de la foi modernes. Les modèles que nous a légués l'antiquité, très précieux en tant d'autres cas, deviennent inutiles quant aux idées, vicieux quant au style, là où il s'agit de consacrer une sépulture chrétienne. Lors donc que les artistes du moyen âge entreprirent d'élever des monuments de ce genre dans les églises et dans les cloîtres, ils eurent tout à créer, tout un ordre de sentiments à définir, tout un système symbolique et décoratif à formuler. Ce système une fois trouvé, plusieurs générations de sculpteurs le continuèrent sans altération fort sensible, et les tombeaux sculptés par les *trecentisti* et leurs élèves sont conçus et exécutés en vertu d'une méthode à peu près invariable. Le personnage à la mémoire duquel on a dédié le monument est ordinairement représenté, à l'état de portrait, étendu sur un lit funèbre. Des anges soulèvent les rideaux de ce lit ou se groupent autour de l'ogive qui le surmonte, comme pour recevoir l'âme immortelle et bénir le corps qu'elle a quitté. Le reste du monument complète le rapprochement entre cette vie qui vient de finir et cette autre vie qui commence. Les armoiries du mort, des inscriptions à sa louange rappellent le rang qu'il a tenu et la part qu'il a. prise aux affaires humaines : la croix, l'agneau, les pieux symboles font allusion aux promesses évangéliques et à l'éternel repos qu'il a conquis.

Au XVe siècle, on ne se départit pas encore de ce mode traditionnel. Le fond des intentions et l'ensemble architectural resteront conformes aux données antérieures, mais les détails et le style des ornements prirent un tout autre caractère. Rien de moins funèbre en apparence que les tombeaux de cette époque, rien qui exprime d'une façon moins sombre la pensée de l'infini, tout dans ces œuvres charmantes respire la délicatesse, la grâce, l'élégance la plus raffinée. Il semble que sous le ciseau de Mino da Fiesole, de Benedetto da Majano et de tant d'autres aimables artistes, les images de deuil soient un prétexte pour séduire le regard des vivants, et qu'un cadavre même doive garder des dehors exquis. Survint Michel-Ange; on sait de quelle animation puissante, de quel luxe de vie il revêtit la mort dans sa *chapelle des Médicis* : œuvre prodigieuse que lui seul pouvait tenter sans aboutir à un contresens absurde, et qu'il faut regarder comme un effort suprême du génie humain et comme le plus violent des paradoxes ! Plus tard, les prétentions dramatiques, les effets outrés ou repoussants achevèrent d'avoir raison de la manière subtile inaugurée par les sculpteurs du XVe siècle. Les squelettes soulevant leurs linceuls, les têtes de mort grimaçantes furent les éléments de composition adoptés pour émouvoir les spectateurs. Enfin, lorsque l'imitation de l'antique fut devenue pour l'art une loi générale, la sculpture des tombeaux se fit, comme le reste, ouvertement profane; puis on chercha à établir une sorte de compromis entre la mythologie et le dogme catholique. Même dans les mausolées des papes, il n'y eut plus ni saints ni anges à côté de l'image du mort; il y eut, comme au tombeau de Clément XIII par Canova, des génies fort dévêtus figurant la douleur chrétienne, ou, comme au tombeau de Clément XIV par le même artiste, des *Modération* et des *Mansuétude*.

Les monuments dus au ciseau de Bartolini ne sont pas toujours exempts de ces fautes contre le goût et les convenances morales du sujet. L'un d'entre eux, par exemple, nous montre assez étrangement rapprochées *la Muse des festins* et *la Miséricorde*. Sur quelques autres s'accoudent ces malencontreux génies dont le caractère païen ne s'accorde guère avec le sentiment qu'on leur prête; mais, en général, le style ne dément pas les intentions, et sans être aussi pieusement convaincu que le style des maîtres primitifs, il a parfois une force et une justesse pénétrantes. Le tombeau de la comtesse Zamoïska, dans l'église Santa-Croce à Florence, mérite à ce titre d'être classé parmi les meilleures productions de Bartolini, et quoique celui-ci n'ait fait que le modèle d'après lequel le marbre a été travaillé, quoique la tête, dit-on, soit le seul morceau tout entier de sa main, l'ensemble n'en a pas moins une physionomie complète et cette expression d'unité propre aux œuvres magistrales. Aucune dissonance ne trouble ici l'harmonie générale, aucun ornement parasite ne vient surcharger la sobre majesté de la scène. La comtesse Zamoïiska est représentée au moment même où elle expire. Le geste des mains, le mouvement presque souriant des lèvres qui se ferment en murmurant une dernière prière, indiquent la résignation et la ferveur. On peut dire sans exagération qu'en face de cette figure si calme dans son attitude, si immatériellement expressive, on sent une âme qui s'exhale plutôt qu'on ne voit des muscles qui s'affaissent. Les lignes, le modelé des chairs et des draperies, tout a l'accent de la vérité palpable; mais cette vérité, au lieu de préoccuper le regard outre mesure, ne sert qu'à mieux révéler le rayonnement intérieur de la mourante et l'extase sereine où elle s'endort.

Assez près de ce tombeau, Bartolini a sculpté un autre monument où se retrouvent les mêmes qualités et le même sentiment profond, quoique sous des formes dissemblables et sous une apparence de pompe, bien justifiée d'ailleurs par la noblesse exceptionnelle du sujet. Il s'agissait d'honorer la mémoire d'un des plus grands maîtres du XVe siècle, Leon-Battista Alberti, architecte, sculpteur, peintre, poète et auteur d'écrits célèbres sur les arts, les sciences et la morale. Un tel nom imposait à Bartolini le devoir de combiner les idées et les images funèbres avec l'idée de gloire que ce nom implique : alliance délicate et rarement heureuse dans les monuments élevés aux grands hommes plusieurs siècles après leur mort ! Si en effet la personnification des regrets semble de mise là où il faut traduire un sentiment contemporain, elle n'est ailleurs qu'une banalité pittoresque et une allusion sans justesse aux sentiments de la postérité. Le moyen de s'identifier avec une douleur à si longue échéance, et comment admettre la sincérité des pleurs que versent, suivant la coutume, des figures nées deux ou trois cents ans plus tard que l'homme dont elles font mine de déplorer la perte? En composant le tombeau d'Alberti, Bartolini n'a eu garde de recourir à ces simulacres vulgaires et de tomber dans ces redites. Il a voulu, à l'exemple des anciens maîtres, exprimer en même temps l'idée religieuse et l'idée de gloire humaine, et (comme il le dit lui-même dans une notice qu'il fit distribuer à l'époque de l'inauguration du monument) « consacrer par une allégorie chrétienne » la double immortalité de son héros. La figure de l'illustre artiste se dessine entre deux anges. L'un, élevant un flambeau, guide l'âme vers les régions infinies à la lueur de cette clarté céleste; l'autre, couronné de lauriers et tenant aussi une torche allumée, symbole du génie dont la gloire luit encore au-delà du tombeau, rappelle fièrement à la patrie ce qu'Alberti a fait pour elle. La donnée, on le voit, est aussi loin de la mesquinerie que de l'emphase; quant à l'exécution, elle a une valeur du même ordre, un caractère de précision et d'ampleur qui ne trahit pas plus la servilité que la licence, et qui ne relève ni d'un *naturalisme* sans idéal, ni de l'*idéalisme* sans naturel.

Cette juste proportion, qu'attestent si clairement les tombeaux de Santa-Croce, Bartolini ne l'a pas, à notre avis, aussi bien gardée dans un travail très célèbre pourtant, et que l'on regarde assez généralement en Italie comme son chef-d'œuvre, — le *Monument à la mémoire de M. Nicolas Demidof*, — travail immense, vingt fois interrompu, comme si l'artiste avait par moments douté de lui-même, manié et remanié pendant bien des années et en définitive resté inachevé, mais qui n'en a pas moins inspiré, par anticipation, nombre de sonnets et d'épîtres, — que dis-je? — un poème en cinq chants [5] ! Il y a dans le style de ce monument quelque chose d'excessif et de tendu, et dans l'ordonnance une grandeur d'apparat qui semble empruntée aux vastes *machines* allégoriques du XVIIe siècle plutôt qu'à des pensées funèbres. L'idée de grouper autour d'un tombeau *la Sibérie, la Nature se révélant aux arts, la Miséricorde* et cette *Muse des festins* dont nous parlions tout à l'heure, n'était-elle pas une idée peu heureuse, ou du moins sans à-propos au point de vue chrétien? Envisagés isolément, plusieurs de ces groupes ne manquent certes ni de beauté, ni de naturel. Celui qui représente *la Miséricorde* sous les traits d'une femme soignant son enfant malade, tandis que la sœur de celui-ci s'inquiète de ses gémissements et du silence de la mère, a surtout une expression passionnée et une véritable puissance pathétique. *La Sibérie* et *la Nature* respirent, l'une la majesté un peu farouche, l'autre la grâce féconde et la sérénité; mais ces beautés d'ordres si différents perdent leur prix là où elles se produisent. Elles ne ressortent que pour se contredire dans ce pêle-mêle d'intentions graves et d'arrière-pensées d'allégresse, de formes idéales et de réalités, de nudités antiques et d'effigies modernes. En essayant de concilier des éléments nécessairement ennemis, Bartolini s'imposait une tâche impossible. L'art religieux ne saurait transiger avec les principes qu'il a mission de formuler : il n'a de sens et de portée qu'autant qu'il procède en droite ligne de l'Évangile et qu'il en traduit strictement la morale. Variez les formes de la traduction, rien de mieux, pourvu qu'elle demeure fidèle au texte; mais ce texte, ne le dénaturez pas en prétendant le compléter, et ne nous donnez pas pour un progrès un retour déguisé au polythéisme.

Bartolini, du reste, ne persévéra pas dans ce système de composition, et la plupart des nombreux travaux pour lesquels il suspendit l'exécution du *Monument Demidof* ont une signification fort nette, une apparence conforme aux exigences du sujet. Que son ciseau décore les sépultures de la princesse Charlotte Bonaparte, du ministre Fossombroni, de tant d'autres personnages illustres soit par leur nom, soit par l'éclat de leurs talents; qu'il groupe dans un beau bas-relief que possède M. Demidof *l'Amour, la Débauche* et *la Sagesse*, ou qu'il sculpte pour M. Ala Ponzoni de Milan cette poétique figure de la *Nymphe du Désert* que la mort l'empêcha de terminer, il remplit avec une habileté supérieure les conditions particulières de la tâche qu'il a acceptée. Ce qui domine, il faut le répéter, dans les œuvres de Bartolini, à quelque ordre de sujets qu'elles appartiennent, c'est un vif sentiment de la nature. La beauté conventionnelle et les types consacrés de la force ou de la grâce l'attirent beaucoup moins que les formes imprévues; mais sa soumission raisonnée à l'autorité du modèle vivant ne dégénère pas en docilité aveugle; sa volonté d'être vrai n'étouffe pas en lui, tant s'en faut, le désir d'épurer et d'ennoblir les réalités qu'il transcrit. Cette recherche simultanée du beau sans préjugés d'école et du vrai sans la trivialité est le caractère principal de la manière de Bartolini et le fonds même de ses enseignements, — ses enseignements, avons-nous dit : de ce côté encore le maître eut à soutenir bien des luttes, à combattre bien des préventions lorsqu'il entreprit de continuer par la parole le rôle de réformateur qu'il avait pris en vertu de son talent, et que l'on s'obstinait à confondre avec les emportements d'un révolutionnaire. Il nous reste à le suivre dans cette nouvelle carrière et à exposer les théories qu'il professa en regard des travaux qu'il a laissés.

Section II.

Bartolini était fixé à Florence depuis vingt-six années quand il réussit enfin en 1839 à obtenir la place de professeur titulaire de sculpture à l'Académie des Beaux-Arts. Les morceaux diversement importants exécutés par lui durant cette période avaient rendu son nom célèbre dans les pays étrangers, puis en Italie, où il était devenu plus populaire que le nom d'aucun sculpteur. A Rome même, celui de M. Tenerani n'avait pas acquis auprès de la foule autant d'autorité ni de crédit. Seuls, les artistes de profession ou tout au moins les membres de l'académie florentine persévéraient dans leur dédain; ils protestaient courageusement par le style de leurs œuvres contre les doctrines du novateur, et, il faut l'avouer, ce moyen n'était pas le plus sûr pour triompher de son influence. Bartolini, se sentant soutenu par l'opinion, jugea qu'il pouvait s'imposer à l'assemblée où dominaient ses adversaires. A la mort de

M. Ricci, son ancien compétiteur, il sollicita de nouveau la chaire qui lui avait été autrefois refusée, et par un acte tardif de justice il fut appelé à l'occuper. Une lettre écrite par lui à l'un de ses amis prouve l'importance qu'il attachait au succès de sa candidature : « Le professeur de sculpture Stefano Ricci vient de mourir, dit-il; voilà sa chaire vacante, et je serais enchanté qu'elle me fût donnée. Si je l'obtiens, je renonce de bon cœur à mon voyage en France, où je dois aller faire le portrait du roi; je renonce aussi à mes projets de départ pour Saint-Pétersbourg. Aucune consolation ne me serait plus douce que cette nomination. »

Sans doute, en s'exprimant ainsi, Bartolini pressentait avant tout les services qu'il pourrait rendre et l'action utile qu'il exercerait sur la marche des études. Il est assez présumable toutefois que la perspective d'une vengeance à tirer sur place et le plaisir d'entrer en vainqueur dans un pays ennemi ne lui semblaient pas non plus des consolations à dédaigner. Ses premiers actes en effet n'annoncèrent pas des dispositions à la clémence. Un haut personnage l'ayant consulté sur les réformes à introduire dans l'organisation de l'académie, Bartolini, dit-on, proposa comme mesure préalable l'expulsion de tous les professeurs, lui excepté. Quelques mois plus tard, il donnait pour modèle aux élèves de sa classe un bossu et pour sujet de composition *Ésope méditant ses fables*. Un bossu dans ces murs accoutumés à n'abriter que les types classiques du beau, les exemplaires choisis de l'art antique ! l'imitation de la difformité prescrite comme moyen de progrès! quelle injure aux vieilles traditions, quel audacieux défi aux artistes qui s'évertuaient à les représenter! La guerre une fois déclarée dans le sein de l'académie, les hostilités se poursuivirent au dehors, et, l'émotion gagnant jusqu'aux hommes les plus désintéressés en apparence dans les questions de ce genre, peu s'en fallut qu'on ne vît se renouveler les ardentes querelles du XVIIe siècle. Le malheur était seulement qu'en se passionnant un peu trop vite, on courait grand risque de méconnaître le fond des principes et de n'aboutir, en vertu de ce malentendu général, qu'à des convictions de surface et à un enthousiasme stérile. C'est ce qui arriva en effet. Les nouveaux *naturalisti* acceptèrent, sans en étudier fort attentivement le sens, le mode de protestation choisi par Bartolini, et prirent pour une apologie formelle de la laideur ce qui n'avait été de sa part qu'une critique en action des doctrines et de la beauté conventionnelles. Les *idealisti* de leur côté s'indignèrent de cet apparent outrage à la majesté de l'art. Ils crièrent de confiance à la barbarie et surtout au barbare, sans se demander si *le Sanglier* antique, *le Possédé* de Raphaël, *les Parques* de Michel-Ange et d'autres morceaux aussi peu attrayants ne prouvaient pas que la force du style peut ressortir de la laideur même. En réalité, rien n'était changé encore aux habitudes pratiques de l'école. Aucune œuvre n'était venue démentir ou confirmer la justesse des opinions émises. On ne se battait même pas pour des théories; on guerroyait tout uniment pour savoir si un bossu avait pu légitimement ou non figurer quelques jours sur les tréteaux ordinaires des modèles.

La dispute durait depuis un an sans grand bénéfice pour l'art italien, lorsqu'un journal assez répandu, le *Diario di Roma*, essaya de la terminer ou du moins de lui donner une portée plus sérieuse en rattachant le méfait commis dans l'académie de Florence aux principes qu'une pareille innovation tendait soit à mettre en honneur, soit à ruiner. Malheureusement le long réquisitoire publié par le *Diario* contre celui qu'il qualifiait sans marchander de « nouvel Érostrate » était au fond très peu concluant. Bon nombre de citations empruntées à Tacite, à Pline, aux poètes latins, force attaques personnelles et très peu d'arguments, voilà ce qu'on opposait comme sauvegarde de l'idéalisme aux envahissements de la doctrine contraire. L'occasion était belle pour Bartolini de se justifier une fois pour toutes et de définir publiquement ses principes. Il fit insérer dans le *Commercio* de Florence [6] une réponse « au très anonyme écrivain, » sorte de profession de foi qui résume en même temps ses inclinations et ses idées acquises, sa manière de sentir et sa méthode d'enseignement. Après avoir lestement fait justice de l'érudition littéraire étalée par l'accusateur et de son incompétence en matière d'art, Bartolini vient au fait qui d'un bout à l'autre de l'Italie a soulevé ces mépris ou ces colères : « Sachez bien, dit-il, que l'imitation de la nature est, dans tous les cas, également difficile. Pour moi, je n'ai pas entendu présenter un bossu comme le modèle des proportions et de la beauté humaines, mais j'ai voulu accoutumer les élèves à étudier de près et à comprendre ce qu'ils voient, sans système préconçu, sans préjugés, sans faux idéalisme. J'ai voulu qu'ils apprissent à trouver dans la réalité même les éléments conformes à l'esprit de chaque sujet, qu'ils s'exerçassent à démêler le beau naturel, ce beau que peuvent révéler seulement l'expérience personnelle et l'examen des œuvres où les grands maîtres l'ont si fidèlement exprimé : noble recherche assurément, fort étrangère à l'idéalisme, qui réduirait volontiers les exemples de la nature en règles architectoniques. L'*Ésope méditant ses fables* avait pour avantage de rompre la monotonie des modèles proposés aux élèves, monotonie telle que ceux-ci sont obligés d'adopter le même type pour un Jupiter ou pour un apôtre. Il leur fournissait l'occasion de reproduire des formes caractéristiques. »

Puis, loin de désavouer les paroles qu'il avait prononcées dans sa classe, et que le *Diario* signalait à la réprobation de tous comme une hérésie esthétique, Bartolini les répète et les commente en face du dénonciateur. « Oui, monsieur, je l'ai dit : tout dans la nature a sa beauté, eu égard au sujet qu'il s'agit de traiter. Oui, je l'ai dit encore, quiconque se sera rendu capable d'imiter pleinement la nature saura tout ce qu'un artiste doit savoir. Les sculptures du Parthénon, celles du temple de Thésée, le *Mercure* de Naples, les *Colosses* de Monte-Cavallo à Rome et *l'Orateur* du musée de Florence sont des spécimens achevés de ce grand art de l'imitation. Le *Teigneux* de Murillo occupé à se délivrer de l'immonde fléau que logent ses guenilles est estimé soixante mille écus, uniquement parce que le peintre a réussi à faire que le cœur se soulève lorsqu'on regarde son tableau. Telle vache peinte par Paul Potter et haute d'un demi-bras ne pourrait être acquise au prix de dix mille écus, par cela seul qu'elle ressemble parfaitement à une vache... Si au lieu de s'épuiser contre moi en insinuations ridicules, en témoignages pompeux d'érudition ou en prédictions lamentables, le très anonyme écrivain avait pris la peine d'analyser mes leçons, il se serait convaincu que je ne veux, pour me rendre célèbre, ni incendier les temples, ni jeter bas les musées. Mon plus vif désir au contraire est de leur préparer des richesses nouvelles en faisant rentrer l'école dans cette voie droite et sûre où marchèrent nos glorieux *quattrocentisti* : hommes admirables, qui nous ont laissé pour témoignage de leur génie le merveilleux *Saint George*, le *David* colossal, et tant d'autres œuvres dignes d'être rapprochées des œuvres du divin Phidias. »

Ces derniers mots expliquent et corrigent ce que la poétique de

Bartolini peut avoir au premier abord de matérialiste ou de trop absolu. Ainsi, en s'autorisant du tableau de Murillo, il semble poser en principe et recommander, à l'exclusion de tout le reste, la reproduction brute de la réalité : il n'entend toutefois prouver par cet exemple que l'importance des vérités relatives et l'appropriation nécessaire des formes au sujet. L'accent de la nature a un tel prix à ses yeux, fatigués du spectacle des grâces factices, qu'il s'incline devant l'imitation sincère d'un objet même repoussant, à peu près comme Mme de Sévigné, lasse de ne respirer que des parfums, demandait à sentir un moment « la bonne odeur du fumier. » Cependant on ne saurait conclure de là qu'il dédaigne de choisir entre les différents genres de vérité, et que peu lui importe l'expression de la vie morale, si la vie extérieure est suffisamment formulée. Son admiration pour le *Saint George* de Donatello et le *David* de Michel-Ange ne peut laisser de doutes sur ce point. D'ailleurs les œuvres de son ciseau ne montrent-elles pas dans quelle mesure il admet la transcription littérale du fait? Non, le judicieux *naturalisme* de Bartolini n'a rien de commun avec ce plat *réalisme* qu'on essaie aujourd'hui d'exhausser au niveau d'un système, et qui n'est qu'une étiquette sur le vide, un expédient pour décorer à peu de frais l'indigence de la pensée. La nature, suivant le maître florentin, voilà l'unique source du beau; l'expression du vrai, voilà l'objet de l'art; mais ce vrai et ce beau n'auront de signification dans un marbre ou sur une toile qu'autant qu'ils seront contrôlés par le sentiment personnel de l'artiste.

Rien de moins facile au reste à déterminer que les limites en pareil cas de la docilité et de l'indépendance; rien de plus délicat que cette proportion à garder entre l'effigie absolue et la libre interprétation du réel. Où s'arrête le devoir, où commence le droit? S'il ne s'agissait pour faire acte de sculpteur ou de peintre que de copier servilement un modèle, nul doute que les conditions de la tâche ne fussent fort simples et les devoirs clairement tracés. Une comparaison mathématique entre les formes de l'original et les formes de la copie suffirait pour démontrer en quoi celle-ci est bonne ou mauvaise; mais l'épreuve ne saurait être à ce point décisive pour une œuvre d'art véritable. Ici le travail a un caractère complexe. D'une part, il doit reproduire les objets sous leur apparence exacte; de l'autre, il doit exprimer ce que l'artiste a senti à propos de ces objets : il sera à la fois une restitution du fait et une image de la pensée, un témoignage positif et un symptôme. Or, ces deux principes une fois admis, faudra-t-il que l'art s'interdise tout ce qui manque de charme extérieur, et ne lui sera-t-il donné de nous émouvoir qu'à la condition de mettre toujours sous nos yeux des types de beauté parfaite? Faudra-t-il en un mot proscrire Socrate et Ésope, le premier à cause de sa laideur, le second à cause de sa bosse? Les anciens maîtres n'avaient pas de pareils scrupules. Ils recherchaient au contraire dans la nature les singularités caractéristiques, non par amour du laid, mais par souci constant de la physionomie, et, pour n'en citer qu'un parmi les plus grands, on sait avec quel soin Léonard enregistrait sur ses cahiers de croquis chaque expression bizarre, chaque irrégularité distinctive. De ces éléments difformes en eux-mêmes il tirait ensuite ce « beau naturel » dont parle Bartolini, et qui n'est que la vérité profondément ressentie, vérité de fait, complétée par une intention morale que ne sauraient ni anéantir ni dégrader les conditions physiques les plus ingrates en apparence. Un être, si disgracieux qu'il soit, peut, à un moment donné, avoir sa noblesse et fournir à l'art un type digne de lui. Tout dépend de la sagacité avec laquelle on saura saisir ce moment et transfigurer par la passion ces dehors misérables.

Telle était sans doute la pensée de Bartolini quand il donnait à ses élèves pour thème de composition *Ésope méditant ses fables*; il leur proposait par là une alliance entre l'autorité matérielle de la nature et les exigences morales du sujet. On s'opiniâtra pourtant à ne voir dans ce fait et dans les explications qu'il amena qu'un témoignage d'aberration et de forfanterie. Que Bartolini ait un peu exagéré ses théories dans la chaleur de la discussion, qu'il ait eu recours ensuite à des formes de protestation un peu puériles ou plus pompeuses que de raison, il faut le reconnaître sans doute. Certain cachet dont il se servit jusqu'au dernier jour, et sur lequel il avait fait graver la figure d'un bossu étouffant un serpent, allusion assez prématurée d'ailleurs au triomphe du maître sur les haines qui l'avaient assailli; certain monument élevé dans son jardin et décoré, en manière d'inscription votive, des mots dont le *Diario* s'était si fort scandalisé; d'autres provocations du même genre durent servir à alimenter la guerre plutôt qu'à décider la réforme. Il faut reconnaître aussi que ces exagérations ou ces vengeances avaient pour le moins une excuse dans l'état actuel de l'école et dans la situation personnelle de Bartolini. Il avait affaire à des gens empoisonnés de si longue main, qu'il lui était bien permis de forcer quelque peu la dose des antidotes, et, d'un autre côté, les attaques dont il était l'objet avaient un tel caractère de violence et d'injustice, qu'il devait se raidir malgré lui dans la résistance, sous peine de paraître atteint, sinon vaincu. On ne saurait croire quelles critiques amères, quels longs ressentiments valurent au sculpteur florentin ses efforts pour régénérer l'enseignement. Tantôt, dans une séance solennelle de l'académie de Milan, académie dont Bartolini était membre, le secrétaire de la compagnie lit un discours où il relègue parmi « les présomptueux, » parmi «les hommes qui confondent la vanité avec la gloire, » le seul artiste vraiment éminent que possédât alors l'Italie. Tantôt, au sujet de changements proposés dans le mode de concours académique, on imprime, — et cela à Florence même, — une diatribe contre le maître, à qui l'on fait mine d'opposer comme des rivaux sérieux les autres académiciens et jusqu'aux élèves formés à leur triste école. Tantôt enfin c'est un journal de Rome, et après celui-ci un journal de Modène, qui l'accusent de professer le mépris pour l'antique, et l'engagent à méditer je ne sais quelles théories sur l'invention, la composition et l'exécution, — le tout entremêlé d'un projet de *giardinetto ideale* où Bartolini aurait pu se contenter de laisser errer en paix ceux qui s'offraient à lui servir de guides. On conçoit néanmoins l'impatience que dut lui causer cette affectation à tourner en dénigrement systématique de l'antiquité ce qui n'était chez lui que discernement entre les chefs-d'œuvre et les morceaux secondaires. Cette fois encore il voulut en appeler au public des sentiments qu'on lui prêtait. « Personne, dit-il dans une réponse publiée par le *Commercio* le 24 août 1842, personne ne peut être intéressé plus que moi à rendre clairs certains points de mon enseignement qu'on a jusqu'ici fort mal compris ou interprétés... Soyez persuadé que moi aussi je vénère les monuments de l'art antique partout où ils se trouvent, et particulièrement les débris si précieux des ouvrages du divin Phidias et de son élève Alcamène. Ces fragments m'ont appris à étudier et à admirer l'homme créature de Dieu plutôt que l'homme imaginé par les *idealisti*. »

C'est en effet par ce côté humain, par ce caractère saisissant de vérité, que l'étude des sculptures grecques doit être surtout profitable à un artiste. Elle lui rendra familiers non certains tours de style, certaines formules convenues, mais les secrets de l'art lui-même, c'est-à-dire de la correction dans le naturel. Toutefois autant ces grands exemples sont d'un secours puissant pour apprendre à voir et à exprimer la nature, autant ils peuvent devenir dangereux lorsqu'au lieu de les envisager comme renseignements, on les prend pour objet même de l'imitation. Copier matériellement l'antique, c'est seulement s'approprier les dehors du sentiment d'autrui; ce n'est plus rendre le sens d'un texte original, c'est traduire une traduction, et l'on sait les innombrables redites en ce genre de la statuaire moderne. Bartolini s'efforçait de prémunir ses élèves contre des tentations si périlleuses. Tout en leur recommandant d'étudier l'antique, il leur interdisait de le parodier; il voulait de plus, assez contrairement à l'usage, qu'on distinguât entre les modèles, et qu'une statue grecque ou romaine ne fût pas réputée admirable par cela seul qu'on la savait authentique. Aussi ne craignait-il guère, quant à lui, de faire bon marché des œuvres même les plus renommées, lorsqu'elles ne lui semblaient propres à intéresser que les archéologues. Ses lettres familières prouvent à cet égard une singulière indépendance d'opinion. S'agit-il du célèbre groupe des *Grâces* que l'on voit à la *Libreria* de Sienne, il le compare délibérément à « trois navets. » Une autre fois il dit de l'Apollon du Belvédère, qu'il « s'en irait en morceaux, s'il essayait de marcher. » Il n'en fallait pas plus pour qu'on oubliât ses admirations en face d'autres sculptures antiques, et qu'on taxât de parti-pris aveugle ces marques d'un goût difficile et d'une louable bonne foi.

Bartolini d'ailleurs eût-il, à propos de l'antique, poussé la réserve jusqu'à la défiance, il n'eût fait après tout que mettre à profit certains enseignements puisés dans l'histoire même de l'école italienne. A aucune époque en effet, l'influence de l'art grec sur l'art de Florence ou de Rome n'a été ni très heureuse ni très féconde, soit que le génie des peintres et des sculpteurs fût rebelle à l'archéologie, soit que leur sentiment, essentiellement chrétien, ne pût, sans se fausser, revêtir les formes païennes. Raphaël lui-même n'a-t-il pas plutôt perdu que gagné à se préoccuper de l'imitation antique? Si grand qu'il se montre encore dans les *Loges* et à la *Farnésine*, il n'a plus cette incomparable harmonie, cette aisance suprême qui marquent les ouvrages où il ne s'est inspiré que de lui-même et des vieux maîtres de son pays. Le restaurateur de la sculpture italienne, Nicolas de Pise, et après lui nombre de sculpteurs ou de peintres ont étudié assidûment les monuments de l'art grec et de l'art romain, cela est certain; mais toutes les fois qu'ils se sont laissés aller à répudier absolument pour cette étude leurs instincts personnels ou les traditions de leurs devanciers, ils ont à la fois amoindri leurs modèles et jusqu'à un certain point dépravé l'art national. L'école italienne n'a eu tout son éclat et toute sa force qu'aux époques où elle ne cherchait pas en dehors d'elle-même ses types et ses moyens d'expression.

Un des mérites de Bartolini est d'avoir travaillé à régénérer cette école en vertu de ses conditions originelles, de ses lois spéciales, de ses tendances éprouvées. Winckelmann et les autres théoriciens du dernier siècle, Canova et ses élèves semblaient s'être proposé beaucoup moins une restauration de la sculpture italienne qu'un replâtrage des doctrines antiques. Où était le progrès, le profit pour l'avenir? Lors même que l'art grec, implanté de vive force dans un terrain qui n'était pas le sien, se fût développé à souhait, qu'eût-il pu produire, sinon des rejetons éternellement semblables à lui-même et par conséquent en désaccord avec les premiers produits du sol? Bartolini voulait à bon droit déraciner cet art parasite. Tout en l'admirant là où il avait été en rapport avec les croyances et les mœurs d'un peuple, tout en l'étudiant comme un modèle de vérité et de goût, il le condamnait sans hésiter à titre de remède actuel et de point de foi moderne. Une occasion se présenta entre autres où il eut à formuler nettement les réserves sous lesquelles il entendait accepter les exemples antiques. Le consul de Grèce à Livourne lui avait écrit pour lui recommander un jeune sculpteur, son compatriote; Bartolini promet de bien accueillir celui-ci, mais il a soin d'ajouter en manière de pétition de principe ou de leçon anticipée : « Les Grecs furent d'excellents statuaires, parce que la religion leur ordonnait de montrer dans l'effigie de leurs dieux le type complet de la beauté humaine. Ils durent donc apprendre avant tout à copier la nature, et ceux qui surent le mieux l'imiter s'immortalisèrent; mais les plus grands d'entre eux, Phidias et Alcamène, ne firent pas longtemps école. Beaucoup de leurs successeurs subordonnèrent à un système pour ainsi dire géométrique l'imitation des formes du corps; ils s'imposèrent des règles qu'ont perpétuées malheureusement leurs nombreuses œuvres parvenues jusqu'à nous, et dont s'emparèrent les érudits. Sous l'étalage d'un fâcheux savoir, la naïveté disparut, c'est-à-dire ce qui avait été le fond même et l'origine des beaux-arts en Italie... » Et plus loin : « Nous nous sommes laissé tromper, et nous devons certes en gémir. Quant à vous autres Grecs, en venant étudier parmi nous, vous ne ferez que vous tromper à votre tour; vous rapporterez dans votre pays les détestables fruits de l'esthétique germanico-italienne, et vous ne pourrez avoir l'espoir de redevenir ce que vous avez été. Contentez-vous donc d'imiter la nature vivante : vous atteindrez ainsi le sublime dans l'art, et nous serons obligés de vous admirer en regrettant les méprises où nous ont jetés nos prétendues conquêtes. Je recevrai de bon cœur votre jeune artiste; mais dès que je l'aurai persuadé en lui répétant tout ceci, je vous prierai de lui faire reprendre bien vite le chemin de son illustre patrie. Ce n'est pas que je songe à m'épargner une peine, je veux seulement m'acquitter d'un devoir de conscience. »

On le voit, Bartolini ne reconnaissait d'autre moyen de salut pour l'art moderne que l'étude sincère de la nature, d'autre progrès à réaliser qu'un retour vers cette simplicité primitive dont l'école italienne avait depuis si longtemps perdu la tradition. Qu'on ne croie pas toutefois qu'il entendît prescrire, à l'exemple de certains artistes allemands, une naïveté archaïque, une assimilation extérieure de la manière des vieux maîtres. Rien n'était plus loin de sa pensée. Il aspirait à un renouvellement de l'art italien, non par l'imitation des anciennes formes, mais par le respect des anciens principes. Il voulait, en un mot, qu'on reprît cette question du *naturalisme* au point où l'avaient laissée les glorieux fondateurs de l'école, — question si loin d'être résolue, selon lui, qu'il écrivait peu d'années avant de mourir : « Le statuaire parfait dans les siècles chrétiens est encore à naître; le sublime *David* est le seul ouvrage qui ait pu le faire pressentir [7]. » De là ses courageux efforts pour déblayer le terrain et préparer la voie à cet homme privilégié; de là aussi ses élans de joie lorsqu'il entrevoyait parmi ses élèves ou ailleurs, — et malheureusement ces occasions étaient rares, — quelque témoignage de bon vouloir, quelque symptôme rassurant pour l'avenir.

Un jour même Bartolini put croire qu'il avait trouvé un lieutenant digne de lui, un artiste capable de recueillir son héritage et d'achever la régénération de l'école. Ce fut lorsque le statuaire siennois Dupré eut exposé à Florence son *Abel mourant*, figure véritablement belle, exécutée avec une habileté discrète fort différente à tous égards de la manière académique. « Je viens de voir, écrivait Bartolini, la statue qu'a faite Dupré….. Bravo, la victoire est à nous, et les *maniéristes* sont perdus à jamais. » Non, la partie ne devait pas être si tôt ni si définitivement gagnée. Douze ans se sont écoulés depuis cette époque sans que l'auteur de l'*Abel* ait tenu encore tout ce qu'il promettait au début. Peut-être les espérances de Bartolini ne seront-elles justifiées qu'à demi, et celui qu'il semblait regarder comme son successeur et son émule n'est-il appelé qu'à figurer au premier rang parmi ses disciples. Du moins le maître se survit en partie à lui-même dans ces élèves qu'il a directement ou indirectement formés. La méthode inaugurée par lui se propage en dépit de quelques résistances obstinées, la tradition se continue, et le moment n'est pas éloigné peut-être où elle achèvera d'avoir raison des doctrines surannées et de l'esprit de routine.

Les écrivains, de leur côté, travaillent à activer ce mouvement, à décider le progrès que jusqu'ici on a pu seulement pressentir. M. Bonaini en résumant dans quelques pages judicieuses les *Opinions de Bartolini sur l'art* et l'histoire de ce noble talent, — M. Rossi dans son *Examen de quelques sculptures florentines modernes*, — MM. Milanesi, Guasti et Pini en rétablissant fort à propos, dans leurs *Réflexions sur le purisme*, les notions du vrai et du style, — quelques autres érudits encore n'auront pas, il faut l'espérer, défendu inutilement la gloire du maître et la cause de l'art en Italie. Puisse l'événement démentir ainsi les tristes prédictions et les appréhensions de Bartolini lui-même, lorsque, peu de temps avant de mourir, il écrivait dans une heure de découragement : « Le jour viendra où l'on essaiera en vain de reprendre mes idées….. Il suffit…, ajoutait-il en parlant de ce qu'il laissait après lui; le corps est bien malade. Dieu veuille au moins sauver l'âme! »

Sauf ces accès d'inquiétude sur l'avenir et les luttes que par moments encore il fallait soutenir à l'Académie des Beaux-Arts, les dernières années de Bartolini furent assez calmes et son talent plus généralement apprécié que dans le cours des années précédentes. L'accueil qu'il reçut en 1847 à Rome, où il était allé faire le portrait du pape, le vengea des attaques que de cette ville même on avait autrefois dirigées contre lui. Les artistes s'empressèrent autour de celui qu'ils n'hésitaient plus à proclamer leur chef, et lorsqu'il fut de retour à Florence, le gouvernement pontifical lui envoya, avec le brevet de l'ordre de Saint-Grégoire, une lettre dans laquelle le maître est mis au nombre des hommes qui honorent le plus l'Italie. En France, on n'avait pas marchandé si longtemps à Bartolini la justice, et les hautes distinctions qui de notre pays surtout vont chercher et récompenser les talents étrangers lui étaient venues précisément à l'époque où ses tentatives de réforme rencontraient en Italie le plus d'opposition ou de dédain [8].

La fin de Bartolini fut douce : il mourut le 20 janvier 1850, au milieu de sa famille, de ses élèves et de ses amis. L'un de ceux-ci a recueilli dans une sorte de procès-verbal respectueux et ému les détails de la scène funèbre. Nous extrayons de son récit quelques lignes qui, par leur simplicité même, rendent cette scène au naturel et attestent les sentiments de vénération dont Bartolini fut entouré à ses derniers moments : « Lorsque j'entrai dans la chambre du mourant, dit M. Milanesi, le prêtre prononçait les redoutables paroles : *Proficiscere, anima christiana, ex hoc sœculo.* Déjà la mort commençait à triompher de la vie dans ce corps jusque-là si robuste.... Nous reçûmes le dernier soupir du grand artiste, — Delo Dauphinè, l'un de ses élèves les plus affectionnés (ce fut lui qui soigna le maître pendant sa maladie avec un dévouement tendre et infatigable, et qui ensuite lava le cadavre, l'habilla et le plaça sur le lit mortuaire), le sculpteur Tommaso Gasperini, Benericotti Talenti, le peintre Francesco Floridi, » plusieurs autres encore dont les noms sont pieusement enregistrés, « moi enfin, Carlo Milanesi. Eliso Schianta, premier élève de l'atelier et le plus fidèlement attaché à son maître, pleurait, appuyé contre le mur, au pied de l'escalier...... » Bartolini mourut à l'âge de soixante-treize ans. Ses restes furent transportés à l'église de l'*Annunziata* et inhumés dans la chapelle où le corps de Benvenuto Cellini avait été déposé près de trois siècles auparavant

Si l'on examine les œuvres de Bartolini en regard de celles qu'ont produites les sculpteurs modernes les plus renommés, non-seulement en Italie, mais dans les diverses écoles, la comparaison tournera tout à l'avantage du sculpteur florentin. Canova, malgré sa grande habileté matérielle, n'a d'importance véritable que relativement au temps où il vécut. Considérée en elle-même, la manière de l'auteur de la *Madeleine*, des *Danseuses*, de la *Vénus* du palais Pitti, est plutôt agréable que belle. Elle se ressent du désir qu'a l'artiste de se conformer aux exemples antiques; mais ces exemples, Canova les amoindrit en les ajustant aux proportions un peu étroites du goût moderne. Il complique la simplicité grecque d'une grâce prétentieuse et d'une élégance équivoque; en un mot, il traite l'antiquité comme la nature : il enjolive l'une et l'autre, et en abritant à peu près sa responsabilité personnelle sous un semblant de style classique, il réussit à contrefaire adroitement une apparence, mais non pas à exprimer magistralement une vérité.

Thorwaldsen, dont la réputation égala presque la réputation de Canova, eut un talent et des aspirations d'un tout autre ordre. Quoiqu'il lui soit arrivé de rechercher l'élégance et de la rencontrer, par exemple dans sa *Nuit* ou dans son *Mercure au moment où il vient d'endormir Argus*, il ne vise ordinairement qu'à la grandeur, et ce but, il l'atteint quelquefois. Son *Lion de la Suisse*, ses bas-reliefs représentant *le Triomphe d'Alexandre* et plusieurs de ses figures allégoriques, portent l'empreinte de l'imagination et de la force; mais cette force est ailleurs employée hors de propos, ou elle dégénère en emphase. Ainsi les compositions religieuses de Thorwaldsen sont traitées dans un style pompeux qui dénature jusqu'à un certain point le sens de l'Évangile. Elles ont plus d'apparat que de vraie majesté, et l'exécution, à force de prétendre à la largeur, y est souvent insuffisante ou vide. En général le ciseau du sculpteur danois manque de précision et de finesse. Dans les dernières œuvres de Thorwaldsen, le mode même du travail matériel peut expliquer ce défaut, le maître ayant fini par laisser aux praticiens le soin de reproduire jusqu'au bout les modèles qu'il leur livrait et par se dispenser de toute retouche sur le marbre; mais les morceaux appartenant à une autre époque, les statues qu'il a travaillées de sa main ont aussi une apparence inachevée, une correction ébauchée et attendant encore la lime. Le talent de Thorwaldsen n'est certes ni sans vigueur, ni sans portée; cette vigueur toutefois ne réside guère que dans les intentions. Il semble que l'artiste, après avoir profondément senti et médité son sujet, n'ait plus pour les formes de la traduction qu'un zèle un peu désintéressé et une indulgence trop facile.

En France, après la fin de l'école *portraitiste*, école dont Houdon est le dernier représentant considérable, la plupart des statuaires s'inspirèrent de l'antique, mais de l'antique commenté par Canova. Dès lors plus de naturel ni de franchise, plus de ces qualités d'expression qui constituaient jusque-là l'originalité de l'art français. Une pratique habile, mais froide, une grâce immobile, quelque chose de tendu et de pédantesque dans le style, voilà ce qui caractérise les œuvres de la sculpture nationale vers le commencement de ce siècle, et les meilleurs morceaux produits à cette époque, le *Cyparisse* de Chaudet entre autres ou la *Pudeur* de Cartellier, attestent moins encore un sentiment personnel que des habitudes académiques. Depuis lors, il est vrai, on renonça en partie à cette méthode conventionnelle. M. David, M. Rude, M. Duret, quelques autres statuaires, firent de louables efforts pour réagir contre les entraînements de l'école et la ramener au goût de la vérité. Enfin un artiste dont le talent, très digne d'éloges à certains égards, mérite sous d'autres rapports des reproches sévères, Pradier réhabilita avec plus de succès que personne l'étude si longtemps abandonnée de la nature. Malheureusement Pradier eut un grand tort : il outrepassa la limite, et il lui arriva trop souvent de sacrifier la vérité chaste à la vérité sensuelle, la pure expression du beau à un art de harem ou de boudoir.

Sans doute le talent de Bartolini a aussi ses défauts, et, comme les artistes que nous venons de mentionner, le maître florentin n'est pas en mesure de défier absolument la critique. Il n'y aurait que justice, par exemple, à accuser chez lui un besoin de produire tournant souvent à l'abus de la facilité, et, comme conséquence de cette précipitation dans le travail, des inégalités ou de graves négligences. Certaines figures de *Nymphes* et beaucoup de portraits en buste sont des œuvres tantôt insignifiantes, tantôt ouvertement faibles, que Bartolini semble avoir improvisées pour se libérer tant bien que mal d'engagements qui lui pesaient ou pour remédier au plus vite au désordre d'ailleurs assez habituel de ses affaires. Toutefois, si au lieu de le juger sur ces travaux secondaires qui ne peuvent rappeler que les agitations ou les nécessités de sa vie, on prend pour objets d'examen les travaux qui résument le mieux l'histoire de son talent, nul doute que ce talent ne se montre plus foncièrement robuste, plus souple en même temps et à tous égards plus complet qu'aucun autre. Les qualités propres à chacun des artistes dont nous avons cité les noms, Bartolini les a possédées réunies, et il n'est pas de morceau de sculpture, parmi les plus remarquables de notre siècle, qui ne puisse trouver dans quelqu'un de ses ouvrages un type supérieur ou tout au moins un équivalent. L'*Enfant jouant avec une tortue*, par M. Rude, le *Pêcheur napolitain* de M. Duret et les meilleures figures de Pradier n'ont pas plus de grâce juvénile ni de délicatesse que le *Vendangeur foulant des raisins*. La *Madeleine* de Canova, fût-elle par l'expression aussi pathétique que *la Miséricorde* de Bartolini, manquerait à coup sûr de l'ampleur de style qui complète la signification de ce beau groupe. Encore moins rencontrera-t-on dans les autres statues de femmes qu'a laissées Canova les intentions grandioses et la majesté de formes qui distinguent *la Charité* du palais Pitti. Thorwaldsen a-t-il rien créé de plus vigoureux, de plus mâle que le soldat dans la mort d'*Astyanax*? Et les lignes générales du groupe, l'attitude d'Andromaque que le désespoir a vaincue, la terreur éperdue de l'enfant n'accusent-elles pas une puissance d'imagination et de sentiment égale pour le moins à la force du statuaire danois? Où trouver, parmi les sculptures contemporaines, un portrait d'une physionomie plus individuelle, d'une expression mieux déterminée que celui de la comtesse Zamoïska? L'artiste qui a produit de tels ouvrages et bien d'autres encore, non moins dissemblables quant au style, mais reliés entre eux par la vérité qui domine partout, l'auteur des tombeaux de Leon-Battista-Alberti, de Fossombroni, et de vingt autres monuments funéraires hautement remarquables, doit être salué du titre de maître.

Par la variété et le mérite supérieur de ses travaux, Bartolini a droit à la première place parmi les sculpteurs du XIXe siècle. Par la nature de son talent, il est digne de ses aïeux, digne du pays où il est né : pays privilégié même aujourd'hui, et, malgré ses périodes de stérilité, fécond encore à ses heures, comme ces terres abandonnées où croissent de loin en loin, au-dessus des ronces, des arbres d'autant plus sains qu'ils ont germé par la seule puissance du sol. L'Italie n'a pas perdu toute sa force de production naturelle. En dépit de ses malheurs et de bien des fautes, elle n'est pas, dans le domaine des arts, si complètement déchue de sa vieille gloire, qu'elle ne puisse encore défier les autres nations par quelque acte imprévu d'excellence, par quelque témoignage éclatant de vigueur. Le médiocre, le mauvais même abondent là où il n'y avait place autrefois que pour le beau : mais l'instinct, pour se manifester plus rarement, n'en vit pas moins au cœur de la race. L'étincelle jaillit par moments et vient révéler la permanence du foyer. Au milieu des erreurs et des faiblesses actuelles, qu'un véritable artiste surgisse en Italie, il sera certainement de premier ordre, lors même qu'on le comparerait aux artistes d'une autre origine. Le théâtre fournissait récemment une preuve de cette renaissance spontanée du talent sur une terre usée en apparence, et tout en se gardant de confondre dans une admiration égale Rossini et Bartolini, il est permis de rappeler qu'après tout cette Italie en défaillance a vu naître le plus grand génie musical et le plus habile sculpteur de notre temps.

Notes

1. Voyez la Revue des Deux Mondes du 15 mai 1855.

2. La Bataille d'Austerlitz est placée à une telle hauteur, qu'il est au moins difficile d'en entrevoir même l'ordonnance. Pour apprécier le style de ce bas-relief, l'un des moins académiques et des plus énergiquement composés du monument, il faut consulter l'ouvrage de Baltard, — la Colonne de la Grande Armée, — publié en 1810 par ordre de l'empereur.

3. Un groupe représentant l'empereur, l'impératrice et le roi de Rome fut, entre autres morceaux importants, mis en pièces par ces mains furieuses. Le modèle en plâtre d'une statue colossale de Napoléon eut le même sort, et la statue en marbre conforme à ce modèle ne fut sauvée que parce que le sculpteur, faute de place, l'avait fait transporter dans l'ancienne église del Carminé. Une fois établi à Florence, Bartolini reprit dans son atelier ce marbre, qui avait dû orner une des places de Livourne, et qui maintenant n'avait plus de destination. Après la mort du sculpteur, le Napoléon fut acquis par le gouvernement français et donné à la ville de Bastia.

4. Cette jolie figure, l'une des plus heureusement imaginées par le maître, orne encore aujourd'hui la galerie Pourtalès. Le

Vendangeur, une Nymphe appartenant à M. le prince de Beauvau, le bas-relief de la colonne de la place Vendôme et quelques bustes sont, à ce que nous croyons; les seuls ouvrages de Bartolini qui se trouvent à Paris.

5.   Il Monumento di Niccolò Demidof, poema di Giunio Carbone. Florence, 1837.

6.   12 janvier 1842.

7.   Il n'est pas inutile de noter cette admiration toute particulière de Bartolini pour le David, parce qu'elle est un témoignage de plus de ses tendances et de ses prédilections dans l'art. Le David, on le sait, est une œuvre de la jeunesse de Michel-Ange, et, malgré d'assez graves incorrections, la plus naturelle peut-être que ce grand maître ait produite. Les jambes surtout ont une beauté simple et une perfection de vérité qu'on ne retrouve plus dans les morceaux qui suivirent; mais ceux-ci, suivant l'opinion générale, signalent avec plus d'éclat le prodigieux génie de Michel-Ange. Dans l'opinion de Bartolini au contraire, ils attestent, — on n'oserait dire une décadence, — mais une regrettable concession à l'esprit de système. « L'art au XVe siècle, dit-il, prit un essor sublime parce qu'alors il empruntait tout à la nature. Lorsque le grand Raphaël et le grand Michel-Ange tentèrent de s'élever au-dessus du simple vrai, la Madone de Foligno resta supérieure à la Transfiguration, et la statue de David au Moïse. Aussi jusqu'à la fin de sa vie Bartolini ne cessa-t-il de solliciter pour ce chef-d'œuvre par excellence une place qui le sauvât d'une destruction imminente : « J'ai recours à toi, écrivait-il en 1843 à l'un de ses amis, pour que tu essaies de réchauffer le zèle de notre bon président, que j'ai déjà ardemment supplié de mettre à l'abri de l'air et de la pluie la plus belle statue de Michel-Ange. Je voudrais qu'elle fût placée précisément au milieu de la loge d'Orgagna et qu'on l'adossât au mur. Figure-toi l'effet qu'elle produirait là... » Et dans une autre lettre : « Mille choses affectueuses au bon président. Dis-lui qu'il immortaliserait son nom et qu'il s'attirerait la reconnaissance des catholiques florentins ou plutôt la reconnaissance de tous les catholiques des deux mondes, en préservant des injures du temps l'incomparable statue de David. »

8.   Bartolini avait été nommé membre de la Légion d'honneur

en 1840, et, l'année suivante, membre associé de l'Institut.

ISBN : 978-1726414524

www.ingramcontent.com/pod-product-compliance
Lightning Source LLC
Chambersburg PA
CBHW070959240526
45469CB00017B/2477